Marià Corbí

LA LUZ DE LO OSCURO

Portada e ilustraciones: Pere Rius www.pererius.art

ISBN Libro en papel: 978-84-685-8142-2
ISBN eBook en PDF: 978-84-685-8143-9
Depósito Legal: B 10674-2024

Impreso en España
Editado por Bubok Publishing S.L

Centre d'Estudi de les Tradicions de Saviesa (CETR)
C/ Rocafort 234, local - 08029 Barcelona
www.cetr.net

ÍNDICE

LA LUZ DE LO OSCURO

Esto

Aquí, esto,
el misterio
en esta vida
y en la otra.

Mi intimidad

He ahí mi intimidad:
reconocer y sentir
el misterio de los mundos
como lo real único
mío y de todos los seres.

Eso es lo absoluto
y esa es la verdad,
quien reconoce es Él,
así, ahora y aquí.

Madrugadas y atardeceres

Oh pura presencia en todo,
cuántas bellas madrugadas
en las que despierta la vida,

y cuántos atardeceres
en los que se recoge la vida,
gocé en mi existencia.

¡Vi tanta plena belleza!
¡Cómo la sentí y amé!

Me voy para no volver

Bellas, y hermosas flores,
todas vosotras amigas,
os recuerdo y reconozco
la hermosura de cada una,

vosotras estaréis en la tierra
durante miles de años,
yo ya tengo que marchar
y me iré para no volver.

Claros cielos de la mañana,
bello sol del atardecer,
noches dulces e íntimas,
me voy para no volver.

Árboles y plantas todas,
os amo de corazón,
he vivido con vosotros,
pero ahora me voy,

y no volveré jamás.
Voy a la gran dimensión,
a lo que es gratuito,
a lo que es vuestro ser

y que también es el mío,
allá nos encontraremos
en unidad para siempre,
sois mis iguales, hermanos.

Adiós me voy, nos veremos.

,

Aparecer y desaparecer

Los seres humanos
aparecemos
y desaparecemos
en el tiempo-espacio,
que es un supuesto,

pero ni aparecemos
ni desaparecemos
en la realidad
del no tiempo-espacio.

El misterio de los mundos, ¿es juez?

Aquí estoy,
pobre e insignificante,
frente a la inmensidad,
que yo mismo soy;

no sé imaginarte
como un gran juez
omnipotente
que castiga

con todo tu poder
a unos pobres humanos
que han errado
en sus pobres vidas.

La vida que llevaron
ya fue el castigo
para sus almas
y para sus cuerpos.

¡Oh clemente!
¡Oh misericordioso!

Adiós, alto Pirineo

La muerte está ya muy cerca,
visité las altas rocas,
los ríos y los árboles
del más alto Pirineo,

ya no podré verlos más,
los admiro, los venero,
vi sus abetos y hayas,
sus roquedos y grandes picos.

¡Adiós a todos, hermanos!
No os volveré a ver,
pero estaré con vosotros,
no tengo idea del cómo,

cierto, unidos en Él.

La gran incógnita

Un pobre animal terrestre
ya anciano,
en un pequeño planeta
bellísimo,
vagando por los espacios
infinitos.

¡Qué destino más extraño
el humano!
¡Qué incógnita más grande
que pensar!
El misterio de los mundos
¡qué oscuro!

Anciano insignificante

En la inmensidad de mundos,
en un rincón del planeta,
insignificante anciano
empujado a la muerte,

siente su profunda nada,
ansía sentir el misterio
de la realidad de todo,
¡oh próximo de los pobres!

La belleza

La belleza del cielo y la tierra
es una clemencia grande
del misterio de los mundos.

La muerte más muerte

¡Qué muerte tan muerte,
la muerte de los templos!

Doble proximidad

Nosotros los muy ancianos
en doble proximidad
a lo que es absoluto:
por cercanos a la muerte,

y porque hemos comprendido
que el misterio de los mundos,
Él, es a mí más próximo,
que mi misma proximidad.

Total insignificancia
y completa proximidad,
ya sin dualidad alguna.
¡Grandeza de quien es nada!

Mi realidad única

El misterio de los mundos
es mi realidad única.
Es no solo el más próximo,
es mi propio sentir hondo

y mi mente más profunda.
Yo soy Eso misterioso,
y fuera de Eso, nada,
fuera de Él, no hay nada.

La inmensidad de los cielos,
la tierra y lo que la habitan
Eso soy yo, solo Eso,
soy todo, siendo nada.

¡Qué gran paz!

La gran certeza

Antes que se apague mi mente,
antes que el corazón se enfríe,
¡oh inmensidad, Padre mío!

llegue yo a la gran certeza,
llegue a vivir y sentir hondo
el gran misterio que soy.

¿Qué es todo esto?

Todo es gratuito
sin subordinación
ni a finalidades,
ni a planes fijados,

ni a progresión clara,
todo es igualmente
primario, expresivo,
sin sumisión ninguna,

todo traba con todo,
pero sin jerarquías,
todo interdepende,
solo, nada es nada,

todo es unidad
en gran diversidad,
una polifonía
que canta el mismo tema.

¿Qué será todo esto
tan uno y diverso?
Es una gran certeza
una e informulable,

gran misterio del mundo
claro y explícito,
    no nombrable,
    ni descriptible.

Sin Dios ¿en quién confiar?

Sin Dios ¿en quién confiar?
¿Qué dirige los destinos
de la humanidad en riesgo?
No hay nadie en el cosmos.

Dios es nadie y nosotros,
sin sentido del riesgo
maltratamos cielo y tierra,
¿en qué o en quién confiar?

El misterio de los mundos
más allá de modelaciones,
de nuestro existir la fuente,
nuestro gestor verdadero,

en la tierra y en el cielo
y en el secreto que guía,
en la inmensidad y vida,
ponemos la confianza.

Sin esa gran fuente nuestra
amada y reconocida,
nuestra enorme ignorancia
lo destruirá todo.

¡Oh misterio de los mundos!
¡Oh gran certeza vacía!
Líbranos de nuestras mentes,
y de la codicia necia.

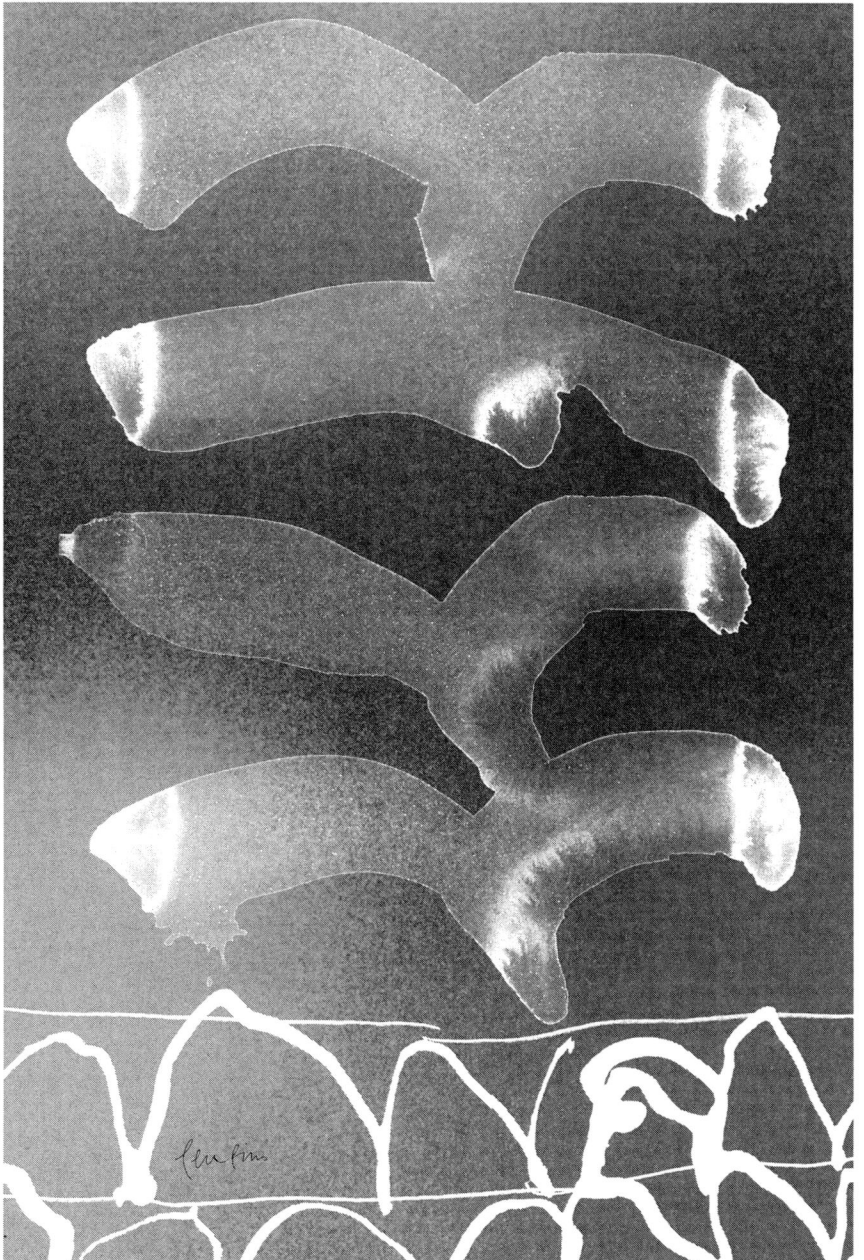

Mi vida de estudioso

Mi vida de estudioso
es a Dios homenaje,
una ofrenda al misterio
de todo lo que existe;

si fuera conocida
estaré muy contento,
si cae en el olvido
estaré muy contento.

La ofrenda de mi vida
vale por sí misma,
si el misterio la acepta,
eso solo importa.

Ya ofrecí mi música,
ahora ofrezco teorías,
fue toda mi vida,
¡que el dulce Dios la acepte!

La dulzura de Dios

Conocer desde el fondo
del no conocimiento.

La dulzura de Dios,
protector de necios,
no fue castigador,
olvida estupideces,

conduce mansamente
la vida de los pobres,
es el gran protector
en la oscura noche
del gran misterio oculto,

brilla con luz clara.
El Clemente se muestra
un protector amable
de los que investigan
con corazón sincero.

Mi vida fue oculta,
salva de adversarios,
de tranquilo pensar
buscando el misterio
de certeza vacía.

Termino, compañero,
ya no me quedan fuerzas.
Al final te agradezco
tu amabilidad
y tu proximidad

perenne y callada,
¡oh, Dios misterio dulce!
¡Qué amable que ha sido
todo lo que he vivido!

Formas del sin-forma

Mi individualidad
no es real,
mi tiempo-espacio
no es real.
¿Qué es, entonces, la muerte?

Lo real de mi realidad,
y de toda realidad,
es el vacío de toda categoría
y representación humana,
no es individual,
ni tiene tiempo-espacio,
ni se puede decir que sea o no sea.
¿Qué es, entonces la muerte?

La muerte, como la vida,
es el misterio de los mundos,
absolutamente incategorizable;
la muerte es un retorno.

¿Retorno a lo que nunca
se abandonó?
¡Formas del sin-forma!

Toca mi sentir

Misterio de los mundos
baja a mi sentir
mi obsesión por ti;
quisiera verte siempre,

quiero sentirte siempre.
Toca todo mi ser,
sumérgeme completo
en la verdad que soy.

Nada de lo que es, es obvio

Todo es de densidad plena,
todo está ligado a todo,
todo es una gran unidad,

todo es un gran enigma,
todo es una gran incógnita,
un abismo de preguntas,
todo es un gran misterio

de los inmensos mundos,
desde lo que es pequeño,
a los soles y galaxias.

Cuando de aquí a unos días
todo mi ser desaparezca,
¿se apagará en mí el misterio?
El misterio lo soy yo,

no fui mi individualidad,
que no era sino Él,
nunca hubo nadie más,
muerto, de vuelta a Eso.

Luz sobre lo que fui siempre,
todo lleno y misterioso
sin individualidad,
mas con diversidad plena.

Confía en el gran misterio,
fuera de Él no hay nada,
ni los que van a morir,
aquí solo fuiste Tú

y no hay nada más que Tú.

Porque nosotros lo somos

Los cielos inmensos,
la amplia tierra,
la diversidad
sin fin de árboles,

las flores y hierbas,
la maravilla de tantos animales,
insectos y seres microscópicos,
el mundo diverso de los humanos,

todo son incógnitas,
abismos insondables
sin individualidades,
todos son las formas

de lo absoluto único.
Él es como una rosa,
porque la rosa lo es,
es como mente y sentir,

porque nosotros lo somos,
es como persona,
porque lo somos,
es como actor providente,

porque lo somos,
es como un dios,
porque le figuramos,
es como todo eso,

y es vacío absoluto.
¡Oh tú como dios,
ten en cuenta
a los que somos nadie,

para que comprendamos
con nuestro corazón
que solo tú eres, único,
más allá de categorías

de pobres humanos.

Verdad de la vida

Soy forma perecedera
del misterio de los mundos,
ese es todo mi ser
sin nada más añadido,

forma en el tiempo-espacio
del no tiempo ni espacio
¡Quién pudiera vivir eso
en la corta y breve vida!

No hay tiempo

Mi tiempo es ya muy escaso,
mira con intensidad,
admira con gran pasión,
ama a toda criatura.

Todo es la clara faz
    de mi modelación
    como depredador

        y la faz de lo que es,

    el sutil misterio
    de los mundos inmensos.

Preguntas

¿Cómo es posible vivir
en este bello y oscuro
y extraordinario mundo,
sin hacerse las preguntas
hondas, duras, y apremiantes?
¿Qué es todo esto, qué soy yo?

Más allá de figuraciones

Alejarse del significado
hasta vaciarse de la figuración.

Habituarse al significado
vacío de figuración,
gracias a la figuración.

Habituarse a que las figuras
lleven más allá de sí mismas.

¿Qué es todo esto?

Qué extraño que es todo esto
enorme, diverso, bello
existente frente a mí;

esa es la gran incógnita,
el misterio de los mundos,
un mundo lleno de espanto,

y en su inmensidad
bueno, tierno, amigable,
gratuito y absoluto,

perecedero y sin tiempo,
mundo de espacios inmensos,
íntimo y sin espacio.

Mi ser es su ser terrible,
mi nada es su plenitud,
somos dos y somos uno,

misterio e incógnita,
relatividad y certeza,
y proximidad de un tú;

eres plenitud vacía,
yo solo soy un supuesto
sin existencia propia.

Cuanta grandeza,
cuanto misterio,
cuanta belleza,
cuanta distancia,
cuanta intimidad.

Familiarizarse con el significado
más allá de las letras, las palabras,
las modelaciones.

Dos grandes misterios

Hay dos grandes misterios:
      -el misterio del existir y del no existir,
      -el misterio del ni existir ni no existir.

Estoy en tus manos

En tus manos estoy,
tus manos soy,
solo tú decides,
porque solo tú eres.

Lo absoluto

Todo es absoluto,
todo es porque sí,
sin finalidad ninguna,
todo es vacío
de entidad propia,
de individualidad,
de sustancia propia.

Para quien sabe ver,
todo es sin signos,
todo es interdependiente,
todo es no siendo,
todo es el gran misterio
de los mundos inmensos.

Todo es Eso
del que no se puede
decir nada,
todo es uno y lo mismo.
Todo es absoluto,
yo mismo incluido.

Crepúsculo

Cielo azul
limpio y claro,
franja rojiza,
sobre tierra
oscurecida,
tiras grises
de nubes tenues,

el crepúsculo,
la verdad pura
manifestada.

Amaneceres

Rastros de nieblas
en el fondo del valle,
tierra en penumbra,
cielo luminoso,
nubes blancas, tenues
que anuncian al sol,
resplandores claros
en el oriente,

el amanecer,
la verdad pura
del universo.

Esto es la verdad

La verdad no es una frase,
ni fórmula en palabras,
ni revelación suprema,
ni una expresión sagrada,

la verdad es esta tierra
tan hermosa y tan diversa,
el cielo y sus cambios de humor,
el mar tan dulce y bronco.

Mi gran deseo

Solo un deseo:
verte, sentirte, vivirte
antes de morir.

Qué oscuro y cuanta luz

Estoy viendo el misterio
de los mundos inmensos,
esta mañana de otoño,

en las tierras de poniente
el amanecer es claro,
neblinoso y espléndido.

Todavía lo estoy viendo,
pronto ya no lo veré,
me sumergiré en él.

¿Cómo veré el misterio
sumergido en su seno?
No hay aniquilación.

Lo veré, lo sentiré
en unidad no uniforme,
muerto y lúcido en él.

¡Qué oscuro y cuanta luz!

Lo bello y lo absoluto

Para quien cultivó
su sensibilidad,
todo es bellísimo

y todo es absoluto,
todo es porque sí,
todo es gratuito.

Lo bello es sin forma
porque todo es bello,
lo bello no es nadie,

lo absoluto es sin forma,
todo es absoluto,
lo absoluto no es nadie,

lo bello y lo absoluto
son sin forma y lo mismo,
no son nada ni nadie.

Percibe y verifica
lo absoluto y lo bello,
¿no es el paraíso?

Todo es absoluto
sin tiempo y sin forma,
todo es también bello
sin tiempo y sin forma.

Esto es lo absoluto,
no alguien en los cielos,
esto mismo es lo bello.

Espíritu seco

Mi espíritu está seco,
pido ayuda para la mente,
y luces para el sentir.
¡Que el misterio me auxilie!.

Aquí estoy todavía

Aquí estoy todavía,
mirando la inmensidad,
desde un rincón de la estepa,
en madrugada de niebla.

Estoy vivo y puedo verte,
mi cuerpo débil y torpe,
mi sentir esperándote,
en mis últimos escritos.

¿Qué valió mi pobre vida?
No lo sé, solo viví
buscándote torpemente.
Solo tú fuiste mi guía.

Mi vida estuvo llena
de ambiguas omisiones,
pero a ti te busque siempre
con mi sentir y mi mente.

Fuiste mi obsesión constante
a lo largo de mi vida.
Acoge ya lo que queda
de pobre animal-humano.

Lo oscuro luminoso

"Eso" es una noticia
que me desborda en todo,
por eso es lo oscuro,

pero la noticia logra
que lo oscuro sea luz,
tanta luz que es oscuro,

luz oscura que me ciega,
lo sé y lo verifico
con un saber que no sabe,

pero que es la certeza
que elimina toda duda.
¡Una bendita noticia!

Nada engendra más temor
que lo oscuro cara a cara.
¡Mira la luz, no le temas!

Madrugada de niebla

Neblina en noche oscura,
promesa de vida nueva;
todos los seres sumergidos
en oscuridad húmeda.

¿De qué habla todo eso?
De su fuente en ellos mismos,
lo proclaman sin palabras,
funden belleza y misterio,

gozo de vivir lo oscuro,
el testigo de las luces
de la fría madrugada,
de la tibia luz del día.

Día y noche admirables,
belleza,
misterio del cosmos,
como promesa perenne
del misterio de los mundos.

Yo, anciano pobre y débil,
cuando oigo esa promesa,
calienta mi corazón
y me invita a la entrega.

Prodigios del cielo

Los cielos son un prodigio
a todas las horas del día.
Luces llenas de esperanza,
cielos del amanecer.

Cielo cundo es sol se pone,
de belleza nostálgica.
Azul claro y luminoso
del cálido mediodía,

Azul profundo y oscuro
de la noche ya entrada,
explicita el misterio
de los mundos infinitos,

azul oscuro y hondo
que se transforma en negro,
dimensiones sin límites,
en su seno las estrellas,

inmensos hornos de fuego,
espacios inconcebibles,
billones de galaxias,
billones de agujeros negros.

Esa es la base que apunta
al misterio inconcebible,
al impenetrable misterio
sin fin de mundos de mundos.

Los cielos cantan muy claro
la grandeza del absoluto,
donde estoy y lo que soy.
Eso soy, así lo siento.

Soy Eso

No estoy frente a ti, ¡oh inmenso!
Sino que estoy en ti, ¡oh íntimo!

No hay algo frente al misterio innombrable,
soy ese misterio en mi mismo.

Me has favorecido

Tú me has favorecido
con muchos miles de dones.
Soy de los que te agradecen,
¡oh misterio de los mundos!

¡Que mal he correspondido
a tus benevolencias!

Como un perfume

Como un perfume sutil
hondo es lo absoluto,
perfume siempre presente
para el que está atento.

Todo tiene su perfume,
cada humano, cada planta,
cada animal, cada insecto,
la tierra entera y el cosmos;

don es poderlo oler,
limpia todo tu sentir,
notarás ese perfume,
hondo, sutil, permanente,

perfume que purifica
el corazón y la mente.

Como un cantar

Como canción silenciosa,
honda es lo absoluto,
un cantar siempre presente
para el que está atento,

Todo tiene su cantar,
cada humano, cada planta,
cada animal, cada insecto,
la tierra entera y el cosmos;

don es poderla oír,
limpia todos los sentidos,
tú notarás su cantar
hondo, sutil, sin palabras,

su canción te purifica
el corazón y la mente.

Como un eco

Como un eco resuena
en el cosmos lo absoluto
para el que está atento
y comprende el misterio,

un eco de inmensidad
se oye en cada ser,
en la tierra y el cosmos,
eco sin fin de los mundos;

don es poderlo oír,
limpia todo tu sentir,
lo conduce a la unidad,
honda, sutil permanente,

eco fondo, misterioso,
que engrandece lo pequeño.

Como la niebla

El misterio de los mundos
tan sutil como el perfume,
como el cantar, como el eco,
tan sutil como la niebla

que todo lo abraza y une
y diluye los contornos
de las individualidades
de las cosas y los seres,

¡certeza de lo sutil!
razón y la mente.

Fuera de Eso, nada

Rápida decadencia
de mi cuerpo de anciano,
¿lo aceptaré en paz?

Frente al gran misterio
no importa la vejez,
Eso es lo único

No existe nada más,
mi ser es solo Eso,
¡paciencia sin temo!

Ahí el gran misterio
de los mundos inmensos.
Eso es lo que es.

Fuera de Eso, nada.

La mano de la muerte

Ya está presente la muerte,
su mano está en mi hombro,
no la siento mi enemiga,
no quiero sentirla así;

mi cuerpo la reconoce,
todos mis miembros se pliegan
a su toque y su llamada,
mi mente la ve ya cerca;

mi sentir el fin presiente,
muerte amiga, ¡seme breve!,
de mí me liberarás
y entraré en la paz.

Chambelán del gran misterio,
tu mano fría es su mano,
tu mano sirve a la vida,
tu mano es solo Él.

Bienvenida amiga mía,
no te temo ni te odio,
¡protectora de la vida!
Nuestra cita será pronto.

Tú eres la que revela
la verdad de todo esto,
tú muestras lo que no es,
muestras la clara verdad.

Libre de figuraciones

El misterio de los mundos,

ninguna figura humana
ni lo abarca, ni lo toca,
nuestras interpretaciones
son siempre modelaciones

de la vida científica,
de la vida cotidiana,
siempre son figuraciones,
el misterio queda intacto;

las mismas modelaciones
son parte del misterio,
todo es el misterio,
y solo el misterio;

míralo ahí, en todo
inmediato y directo,
y míralo en ti mismo
inmediato y directo,

ya que el misterio es el dato,
lo demás son construcciones,
tú venera lo que es dato
libre de figuraciones.

Libre de palabras

Las palabras se equivocan,
todas;

creen atrapar realidades,
vacías;

con palabras y palabras
quieren construir un mundo,
sin entidad;

la ficción tapa el misterio,
¡necios!;

líbrate de las palabras,
de todas;

reconoce el misterio,
el dato;

no hay nada fuera de él,
el único;

reconoce lo que es figura,
todo;

libre por fin de palabras,
silencioso;

vuelve de nuevo al misterio,
sin forma.

A Rafael

Mi amigo Rafael
ha muerto, ¿dónde está?
me pregunta su mujer,
no lo sé, le contesté.

Sé que donde haya ido,
ha sido bien recibido,
está en paz, reconciliado
y unido a la fuente.

Rafael fue hombre humilde,
servidor y muy cordial,
buscador toda su vida,
amante de la pintura.

No quedará rastro de él,
solo el leve perfume
de un hombre sencillo y bueno
y su recuerdo querido.

Extraño el destino humano,
ser como si no fuéramos,
pasar como un leve soplo
de viento entre árboles,

no quedará memoria
de los soplos que pasaron.
Rafael se fue al misterio,
el misterio no aniquila.

Allí nos veremos Rafa,
en el seno del no saber
del misterio de los mundos.
Allí nos encontraremos.

Vida y muerte y el gran misterio

Vivir es gran misterio,
morir es gran misterio
de las inmensidades.

Somos ese misterio,
estando vivos o muertos.
El misterio no muere.

El misterio no mata.

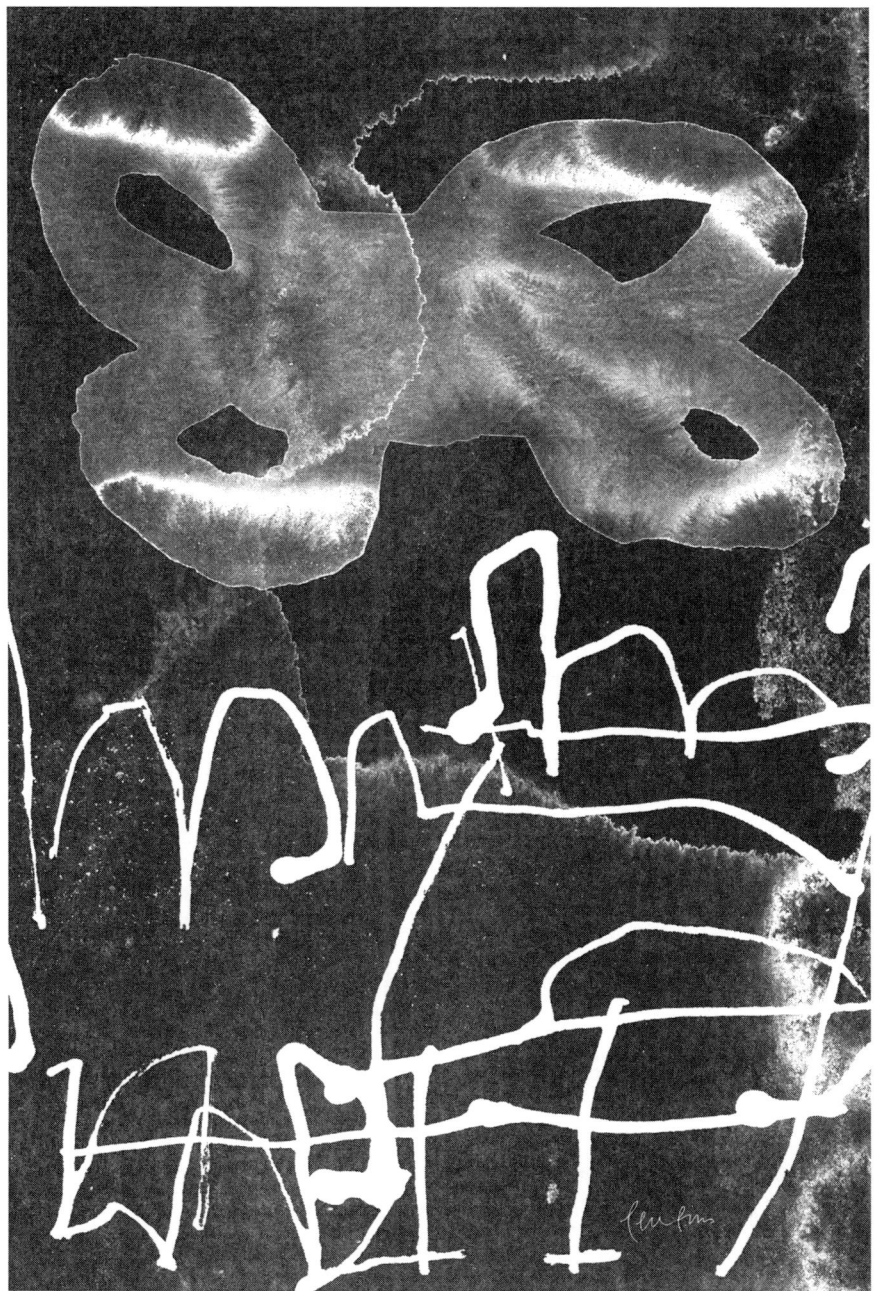

Un nudo breve

Grandes círculos cósmicos
de interacciones densas
de galaxias de galaxias,
de atroces energías,

grandes sistemas de fuerzas
todas interdependientes.
En ese lugar nací,
¿fue un real nacimiento?

Soy un nodo de esas fuerzas,
nadie venido a este mundo,
soy esas inmensidades,
de mí, vacío completo,

soy una luz sobre sí
de esos atroces mundos,
soy la luz y la conciencia
de esos espacios inmensos.

No busquéis nadie en mí,
no lo hay, solo hay Eso:
nudo breve de las fuerzas
que tejen el universo.

¡Qué extraño!

Estoy volviendo al misterio,
no vuelvo porque lo soy,
el misterio de los mundos
es mi propio existir.

Tengo que sustituir
mi mundo que es vacío,
que mi corazón modela,
por la total extrañeza

del misterio de lo que es.
El sutil y arduo camino
es el transitar completo

de lo modelado,
a la extrañeza,

de lo cotidiano,
al total misterio,

de lo que es obvio,
a lo que es extraño,

de mi mundo,
a ¡qué extraño!

Oh misterio,
¡Que extraño,
qué extraño!

Traslados

¡Oh misterio,
trasládanos
al misterio!

¡Oh no otro,
trasládanos
al no otro!

¡Oh único,
trasládanos
al único!

Aquello y esto

Aquello desde esto actúa,
y esto actúa desde aquello.
No hay acción fuera de esto,

desde nuestra modelación,
desde los mundos de vivientes,
Él es el clemente único

Esto es aquello,
aquello es esto.

La torre de la iglesia

Humilde torre de iglesia
de un pueblo de la Noguera,
vacía y sin rituales,
con una campana muda,

ya no se cuentan historias,
no se acude a las prédicas
de una verdad religiosa,
solo verdad silenciosa.

Soy como esa iglesia,
sin mitos y sin rituales,
solo con verdad desnuda
en el silencio completo.

Iglesia humilde y bella
que tu presencia predicas
la verdad vacía, sola,
templo mudo, me confirmas,

junto a ti termino la vida,
hermanados en destino:
solo la verdad vacía,
sin creencias, silenciosa.

Mi vida

Cuantas estupideces,
cuantas ambigüedades,
cuanta búsqueda sincera,
cuanta vida paciente,

cuanta incomprensión,
cuanto rechazo duro,
cuanta marginación,
cuanta luz recibida.

Recibí tanta guía,
recibí protección,
recibí estímulos,
recibí gran certeza.

¡Vivir valió la pena!
Fue un don que regalo,
lo que recibí, lo doy,
¡que el misterio me acoja!

Despidiéndome

Estoy despidiéndome
del mundo y su belleza,
así no le veré,
mas de él no marcharé;

todo es el misterio
y solo el misterio,
fuente le llamaré
mi Dios le llamaré,

pero solo tú eres
misterio innombrable.

No soy humano

Lo que hay aquí, en mí
no es humano;

no hay individualidad
ni hay sustancia,

solo hay apariencia,
nada de mí,

el oscuro misterio
está aquí,

es todo esto.

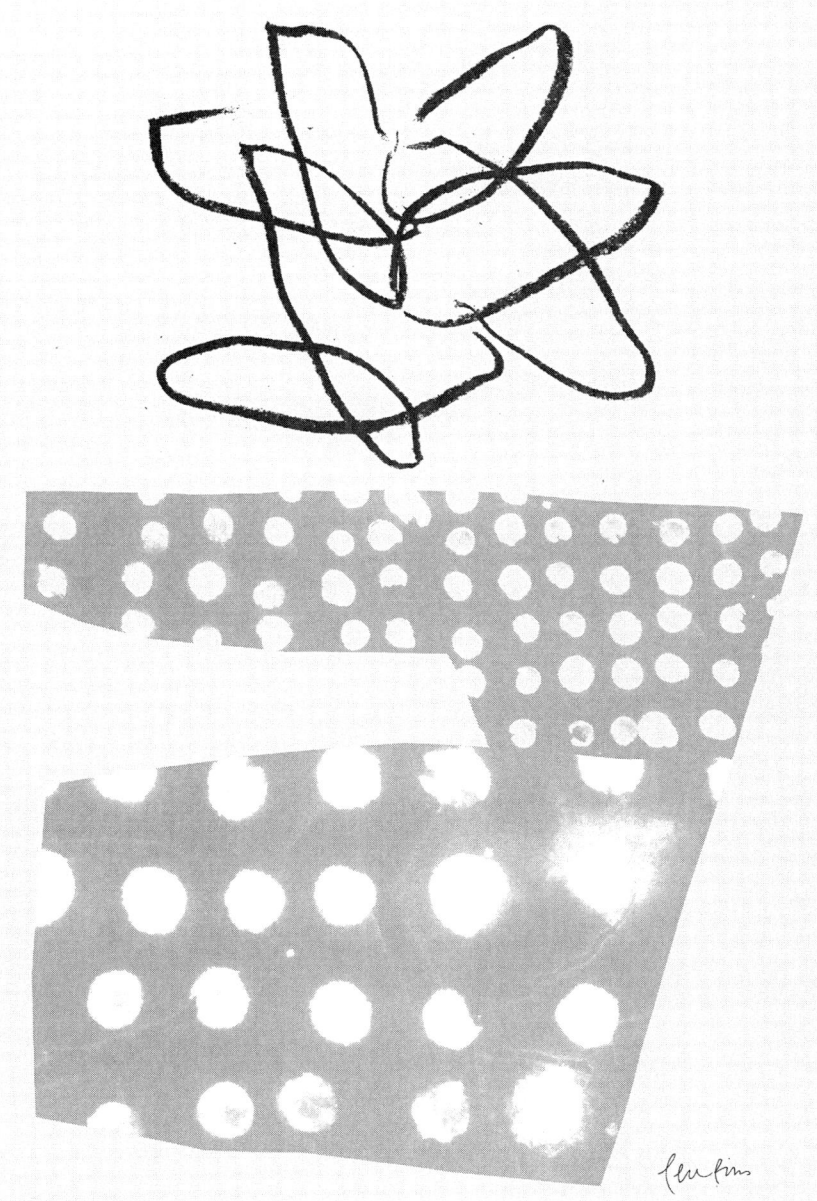

Entidad propia

No hay entidad propia,
quien la tiene no muere,
ya que todo perece,
todo ser es prestado.

Esto

¿Esto?
Esto no es
lo que yo interpreto.
Esto es aquello.

Misterio, ¿eres para mí alguien?

Todavía estoy vivo,
Siento cerca la muerte,
Oh misterio de los mundos,
¿eres alguien para mí?

Sé que sí, mas no lo siento.
Estoy perdiendo las fuerzas,
desearía sentirte,
Tú el cercano, íntimo.

La muerte ya va en serio,
despierta mi corazón
a tu íntima presencia
¡Oh Tú que eres único!

¿Eres alguien para mí?

Lo que quiero

No quiero ver el cielo,
ni quiero ver la tierra,
ni árboles, ni plantas,
no quiero ver humanos,

no quiero ver las cosas,
ni quiero ver los seres,
solo a ti quiero verte,
misterio de los mundos;

quiero ver tu presencia,
no quiero ver el agua,
ni quiero ver la tierra,
solo ver tu presencia.

Tu presencia en todo,
tu presencia en mí,
verte solo a ti
en cada ser terrestre.

El cielo, tu presencia,
la tierra tu presencia,
en todo, tu presencia
y solo tu presencia,

Oh misterio del mundo
el que no tiene nombre,
el que no tiene forma,
la presencia única.

Dos grandes proclamas

El misterio de los mundos
clama con una gran voz,
habla muy claro y muy fuerte
a los que puedan oírle,

nos expresa su hermosura
y su saber infinito,
nos habla de su poder,
de su amor a los vivientes,

nos habla con voz potente,
clama siempre, de continuo,
habla a todos los humanos
que, distraídos, no escuchan.

La muerte habla a gritos
y es la fiel mensajera
del gran misterio único,
dice que solo Él es.

Dos gritos hay en el mundo:
el de la oscura muerte
y el del gran misterio.
¿No los escuchas, bien claros?

No tengo poder

No tengo ningún poder,
todo el poder es suyo,
no tengo decisiones,
el que decide es Él.

No poseo poder,
soy el gran misterio
y no soy otro de Él,
soy solo lo que Él es,

el misterio de los mundos,
ni es, ni no es, sin nombre,
yo, como Él, soy sin hombre,
ni soy otro de Él, nada.

En la puerta

Ya estoy en la puerta
de otra dimensión
de toda esta mi vida.
¡No puedo imaginarla!

Pero ya está ahí,
presente, esperando,
mi cuerpo ya advierte
su total cercanía.

Entro en el misterio,
y en la ausencia de todo.
Es gozo, no desgracia,
no es final, es inicio.

Sé que olvidaré
toda diversidad,
mas la rescataré
en plena unidad.

Manifestación a gritos

El misterio de los mundos
a gritos se manifiesta,
no murmura por lo bajo,
se expresa con voz potente,

grita en rostros humanos,
en los cielos variados,
en la hermosa y dulce tierra,
en los niños y las flores

en las plantas y pájaros,
¡qué explícito habla Eso!
a todo humano le llama
clamando potente y expreso

el misterio de los mundos,
¡qué ciegos y sordos somos,
frente a tan gran despliegue!
vivimos nuestra rutina

con corazón distraído.

Traslado a la otra dimensión

¿Qué es la muerte?

El traslado a una dimensión
sin tiempo, ni espacio.

Desaparición de un supuesto
en la inmensidad del misterio.

Traslado más allá de supuestos,
vuelta a lo irrepresentable.

Tránsito de un "supuesto",
a lo "incategorizable".

El sujeto que cree morir
está vacío de entidad propia.

Es tránsito de lo que es "nadie"
al "misterio de los mundos".

Nadie vino y nadie se va.
Lo que era, es y será.

Perecedero sin aniquilación

Dicen los sabios:
No hay aniquilación,
todo es perecedero,
pero la muerte termina
con todo individuo,
los sumerge para siempre

en el abismo
de la no forma.

En el abismo sin forma

Desaparición completa,
ni restos de mí, en poco,
no quedará nada, nada;
mas sin aniquilación
en el abismo sin forma,
en el que nada se pierde.

Mi cuerpo testifica el misterio

Mis ojos y mi cerebro,
mi sangre y mi corazón,
mi piel, todos mis músculos
son presencia del misterio
de la inmensidad de mundos.

Yo soy ese misterio,
claramente queda dicho,
no soy "otro" del inmenso,
nadie vino, ni se fue,
todo es Eso y solo Eso.

¿Qué perece con mi muerte?
Yo soy ese gran misterio
que no muere ni nació.
¿Qué es volver al misterio,
que nunca dejé de ser?

No lo sé. Inconcebible.
No hay aniquilación
aunque soy perecedero.
Eso me dice la muerte,
eso me dice mi cuerpo.

Mar de Abril

¡Oh mar de Abril!
frío y ventoso,
de superficie brillante,
seno lleno de vida,
tumba de tantos,
de movimiento imparable,
amable y fiero,
símbolo de infinito,
que no entiendes de fronteras,
te admiro y te amo.

¿Puedo llamarte Señor?

Misterio de los mundos
¿puedo llamarte Señor?

Todos los nombres son tuyos.
Si me siento "otro" de ti,
tú eres mi Señor.

Eres mi fundamento,
eres todo mi ser,
nada hay en mi existir
que esté fuera de ti.

Puedo llamarte Señor,
aunque sea palabra
injusta a tu grandeza,

pero para mi ignorancia
es un consuelo, Señor.

Pascua 2023

Todo es perecedero,
no hay extinción.
Este es un gran koan
resolverlo es la luz.

¿Qué es, pues, lo que es?

Jesús murió en cruz,
no fue aniquilado.
Con su resurrección
orientó el koan.

¿Cuál es su misterio?

¿Así es eso?

Terminó Semana Santa,
¿será esta la última?

Es muy posible.
Agradecido
por lo vivido.

¿A dónde voy muerto?
¿Soy yo? ¿Quién se va?
¿Aniquilado?

No, sumergido,
diferenciado,
sin un ser propio,
en Él, consciente.
Es para siempre.

¿Así es eso?
La razón habla,
¿debe hablar?
Solo rastrea
el gran misterio.

Soy el misterio de los mundos

Soy el misterio de los mundos.
Cierto.
Solo eso.
Y me estoy apagando.

¿El misterio de los mundos se apaga?

¿Qué queda?

Ya soy un pobre anciano,
ya es hora de morir,
ya inicié en retorno.
Termina la ficción

de persona y vida,
se va como un río
rápido, nada queda,
solo el grave misterio.

La presencia

Sentir tu presencia
desde todas partes.
Ese es el mayor don,
¡mi tiempo es breve!

¡Qué ignorancia!

Qué gran ignorancia,
vivirlo todo como obvio.
Todo es un gran misterio,
un abismo insondable.

¿Mortal?

Esperando ya morir,
lo que soy se mostrará:
sin naturaleza propia,
vacío de entidad, nada.

La muerte llega, la espero,
traspaso a la verdad,
el misterio de los mundos,
la dimensión absoluta.

Solo Eso es lo que es,
yo soy su forma, soy Él,
muerto, sin aniquilación,
es la vuelta a la unidad.

Perplejidad ante esto:
perecedero sin restos,
sin aniquilación vera,
ese es el gran misterio.

Me creí otro,
soy unidad.

Sumergido

Sumergido en el misterio,
soy ese mismo misterio,
no hay otro sino Eso.

¿Qué va a ser de mí?

Cuando hablo correcto
de los grandes textos,
no es mi yo el que habla,
Eso habla de Eso.

La gran hermandad

Todos los seres,
en cielo y tierra
son mis amigos
y compañeros,

son mis hermanos,
somos lo mismo,
ellos son yo,
y yo soy ellos,

los amo a todos,
ellos me cuidan,
son la belleza,
son la verdad,

son lo que yo,
el gran misterio
de lo existente,
somos mortales

que no se extinguen,
somos lo que fuimos
y que será,
el gran misterio,

la gran hermandad
gran unidad,
en lo que es,
lo inmutable.

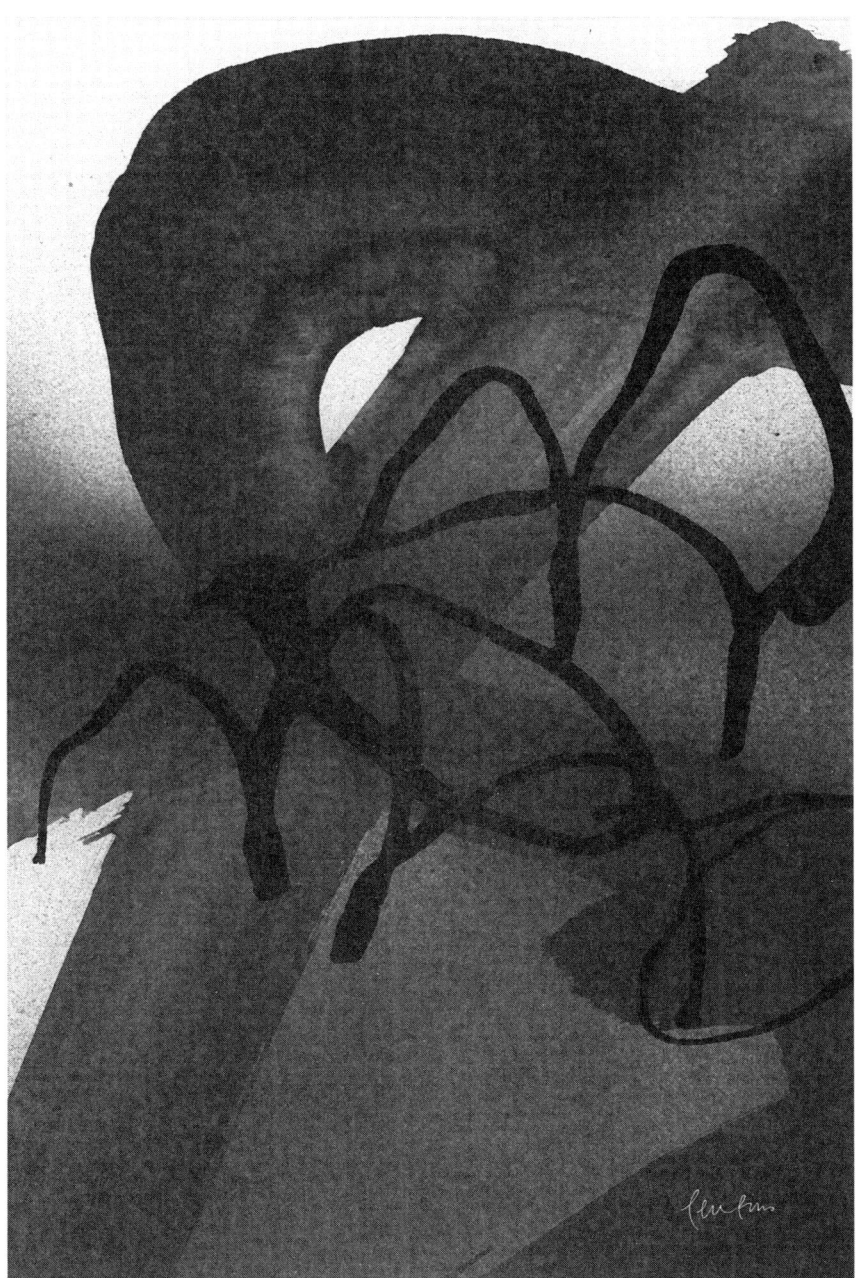

No soy yo

Yo no soy yo,
es función
del cerebro.
¡Maravilla
del misterio
de los mundos!

No soy mi conciencia

Mi conciencia
es función
del cerebro.
¡Maravilla
del misterio
de los mundos!

Muerte sin aniquilación

La muerte es sin retorno
porque es muerte eterna,
jamás vuelve quien se va,
se olvida su memoria.

Nada aniquila la muerte,
ahí reside el enigma:
no hay aniquilación,
pero la muerte es total.

¿Quién fue el que vivió la vida?
¿Quién muere y no se aniquila?
¿Qué es lo real que aparece?
Ni la vida, ni la muerte,

Ensueño de aparecer
y ensueño al morir,
solo es el gran misterio:
el ser y no ser de todo.

Tu aguijón, ¿dónde está, muerte?
Tú eres revelación,
Tú muestras lo que es supuesto
y muestras lo que es real.

¿Quién es la muerte? Él solo.
¿Quién es la vida? Él solo.
Muerte sin aniquilación
hace estallar el misterio.

Cuando retorne al misterio

Cuando retorne al misterio,
(creí estar separado),
cuando mi cuerpo ya muera,
con él todos sus supuestos,

encontraré lo que soy,
el misterio de los mundos,
lo que es, lo absoluto,
la residencia de nadie.

Nada arrebata la muerte,
ni corpulentos árboles,
ni flores bellas y dulces,
ni aves, ni insectos,

ni oscuro cielo nocturno
de estrellas infinitas,
ni mar osco y bravío,
ni albas, ni atardeceres,

ni los hombres y mujeres
que amé y conviví,
nada de eso perecerá,
porque iré a su realidad:

el misterio de los mundos
que es el ser de toda cosa,
que es su verdad y belleza,
¡nada arrebata la muerte!

¡Aquí estoy!

La mejor plegaria para un anciano.

¡Aquí estoy!

> Anciano,
> pobre,
> débil.

¡Aquí estoy!

> Eres mi ser,
> Tú decides.

¡Aquí estoy!

> Ignorante,
> Ser ambiguo.

¡Aquí estoy!

> Tú todo lo sabes,
> Tú me sabes.

¡Aquí estoy!

Ningún temor

Tú eres mi ser,
¿qué puedo temer?

Cuéntame entre los agradecidos

Oh misterio de los mundos,
Dios y Gran Señor Supremo,
tuyos son todos los nombres,
pero eres el sin nombre.

Cuéntame entre los agradecidos.
Tú has regido mi vida,
Tú mi protector has sido,
me has cubierto de dones:

mis padres y mis hermanos,
maestros y compañeros
que caminaron conmigo,
las amigas de mi ayuda,

el don de altas montañas,
los hondos valles frondosos,
por los inmensos mares,
por las noches y días claros,

agradezco la música,
los muchos buenos libros,
las meditaciones largas
y años de pensamientos.

No puedo enumerar
lo recibido de Ti.
No rechaces mi pobreza,
Tú, amante munífico

Cuando concluye mi vida
es hora de los recuerdos,
hora de agradecer dones,
quiero ser agradecido.

La Unidad

Estoy muriendo rápido,
pero mi ser es sin tiempo.
Muerte radical, completa,
sin que mi ser se aniquile.

No soy yo, soy el misterio
de la inmensidad de mundos,
soy eso, no otra cosa,
estoy en el ser, la fuente.

Soy uno con lo innombrable,
yo mismo soy innombrable,
ni el que es, ni el que no es,
ese es mi extraño ser.

Soy mortal, perecedero
y soy sin tiempo ni espacio,
yo soy carne que se pudre
y el absoluto sutil.

Y soy uno con el uno,
viviendo en lo múltiple,
no soy el ser que parezco,
soy todo lo que existe:

el misterio indescifrable,
sin individualidad, uno.
¡Oh uno, el que es único,
líbrame de mis fantasmas!

¡Ya estoy de vuelta! ¡Retorno!

Aquí

Aquí,
aquí,
en mi sentir,
en mi mente,

tú eres mi ser,
mis teorías,
tú las pensaste,

Todos mis libros,
si valen algo,
de ti proceden.

Aquí no hay nadie,
solo lo oscuro.
Los errores,
de mí proceden,

por suponerme
alguien que escribe.
Solo tú eres,
solo tú actúas.

Sin ti,
todo es ficción,
todo es ensueño.

En ti,
todos la fuente,
todos misterio.

Lo que fue mi vida

En mi infancia y juventud
la gran música prendió
en mi corazón y alma,
mi sentir ardió con ella,

fue la vida de mi ser.
La religión y su crisis
me llevó a que mi vivir
se convirtiera en pensar,

pensar y pensar fue todo,
enfrió mi corazón.
Nacieron mis pensamientos,
primero oyendo música,

luego sin ella, en silencio.
Cuando termina la vida
de un anciano ya muy sordo
quiero que mi alma arda

con el reconocimiento
del misterio de los mundos.
¡Que el misterio me encienda
y que mi corazón queme!

Gracias querida música
te trocaste en pensamiento,
gracias a ti, pensamiento,
fuiste mi música fría.

Reconocer

Tú eres mi intimidad,
Tú eres mi ser completo.
Mi creída identidad
es solo un falso supuesto.

Solo soy el gran misterio,
todo mi ser es vacío,
no tengo ningún ser propio.
Vacío de Ti, soy nada.

Soy reconociéndote
como mi único ser.
Que yo sienta lo que es.
¡Oh Tú, el que es único!

¿Y quién es el que piensa y siente?
En mi actuar, ¿en quién fío?
No en mi supuesto ser:
mi yo, mi personalidad.

Mi gran certeza es Él,
el misterio de los mundos,
sin Él, creencias y dudas,
vacío y falsos supuestos.

Todo lo que no sea Él
no es nada más que supuestos,
reconócete y confía,
Él es toda realidad.

A los cielos

La muerte ya está muy cerca.
quiero ser agradecido
y cantarle a los cielos
de la mañana y la noche,

cielos claros y serenos,
oscuros y tormentosos,
albas y atardeceres
y mediodías radiantes,

sus juegos inagotables
de nubes, luces, colores,
cielos inmensos oscuros,
estrellas de los abismos,

cielos plomizos y claros,
cielos de invierno y verano,
de primavera y otoño,
cielos del mar y la tierra,

son el rostro del Único,
su amable misericordia,
su esplendente belleza
y su llamada constante.

¡Cuánto que agradecer!
¡Cuánto que venerar y amar!
Cielos todos de mi vida
os amo y os venero.

Gracias.

A la tierra

Quiero cantar a la tierra
con mi voz rota de anciano,
a la tierra que me nutre,
que me engendró y me soporta,

a la que enamora
con su belleza perfecta,
amo sus grandes montañas,
sus amplios valles y prados,

sus árboles y sus flores,
sus ríos, arroyos, mares,
animales y pájaros,
sus bosques y sus estepas.

Me despido de ti, adiós,
eres su rostro hermoso,
tu diversidad es suya,
en ti vi su rostro bello.

Voy a Él, que eres tú,
Adiós, madre, adiós.

A ellos

Doy gracias a mis padres,
hermanos y amigos,
camaradas de estudio,
a mujeres amables,

mi sostén en los trabajos,
a mis adversarios
que mi pensar forzaron,
a todos doy las gracias,

fuisteis todos sus manos
y su rostro hermoso,
a todos, vivos, muertos
mi más tierno recuerdo.

Adiós a todos vosotros.

A las flores

Flores alegría de la tierra,
sois su amabilidad,
su belleza delicada,
su exhibición amorosa,

seductoras y fecundas,
con vuestra gran variedad
cantáis al que es único,
sois su rostro más amable.

Os he admirado mucho
y os he amado siempre,
es hora de despedirme
de todas vosotras, bellas.

Me voy al gran misterio
del que nunca he salido.
Vosotras sois Él, nos veremos
Gracias por tanta belleza.

A los árboles

Oh, los venerables árboles,
busqué vuestra compañía
amante, toda mi vida.
Sois los hijos de la tierra,

mostráis la fuerza y belleza
del misterio de los mundos.
Sufro vuestro daño cruel,
protectores generosos.

Habláis de Él como madre,
sois su mismo misterio.
Os amé toda mi vida,
ahora tengo que irme.

No os perderé a ninguno,
porque sois mi misma fuente,
a la que, anciano, voy,
marcho allá agradecido.

Cierto en Él nos veremos.

Siempre contigo

Con mi cuerpo estoy contigo,
sin mi cuerpo estaré contigo,
¡oh misterio de los mundos

A la música y los libros

La música y los libros,
compañeros de mi vida.
La música desde niño
educó mi corazón,

despertó mis preguntas
sobre la vida y la muerte,
sobre lo que es absoluto
y lo que es sin ser propio,

y me llevó de la mano
al pensamiento que busca
el misterio de los mundos,
la realidad de lo real.

Me abandonó la música,
no me dejó sin su espíritu,
que es expresión y búsqueda
de la hondura de la vida.

Los libros fueron compañía
que conversaron conmigo,
aprendí mucho de ellos.
Música y libros os dejo

agradecido a los dos
compañeros muy amables
de mi discurrir terrestre,
manos queridas de Dios,

voy a lo que me mostráis,
la verdad real de todo.
Adiós, viejos compañeros
de búsqueda de mi vida.

A ellas

Sois el mejor regalo de mi vida,
no tengo palabras justas
para agradecer vuestra compañía.

Gracias a vosotras pude pensar libre
sin vivir la oposición constante.
Pensasteis conmigo toda una vida, la vuestra.
Fuisteis para mí el calor y la amabilidad
en mi seca vida de estudioso.

Fuisteis una compañía amable y solícita.
Nuestro centro es gracias a vosotras.
Sois las manos y el rostro piadoso
del misterio de los mundos.

Me despido de vosotras y me voy,
pero voy a lo que es vuestro propio ser.
Adiós, hermanas queridas. Gracias
Nos volveremos a ver.

Donde vivo

Vivo en un pequeño planeta
bellísimo,
en la inmensidad de los mundos.
¡Qué extraño!

Todas las formas

Todas las formas
de nuestra tierra,
complejísimas,
todas muy bellas,

relacionadas,
interdependen,
en el gran cosmos,
perecederas,

¡Qué gran misterio!
¿Qué es lo existente?
El que es sin forma
en toda forma.

Mi intimidad

En ti no hay, adviértelo,
otra cosa que el Único
Gran misterio de los mundos.
Esa es tu realidad,

eres Eso y solo Eso,
en ti no hay otra entidad,
encontrarás lo que eres,
si tu propio interior miras.

Tú eres Eso y solo Eso,
no hay otra intimidad
que no sea ficción pura.
¡Luz en la mente-sentir!

Todo es Eso

Todo es el Gran Misterio,
cielo y tierra, vida y muerte,
los muertos, también los vivos,
animales y humanos,

en todo solo hay su ser,
que no es, tampoco es,
inalcanzable, Único,
vacío de categorías.

Todo es Eso y solo Eso,
reconócele en todo,
Eso es dentro y fuera.
¡Misterio solo misterio!

El gran secreto

¿Qué es el misterio de todo?
¿Qué es mi ser y realidad?

Una incógnita,
un no saber,
un gran vacío,

que es inasible,
ahí estoy,
cierto, lo sé,

todo lo dice,
mi corazón,
también mi mente,

lo dicen claro,
porque lo soy.

OTROS LIBROS DE POEMAS DEL AUTOR
Descargables gratuitamente en bubok.es y en cetr.net

A la intemperie –con obra gráfica de Pere Rius-. Barcelona, Verloc, 2010. 157 pp.
https://cetr.net/wp-content/uploads/2021/06/A-la-intemperie_
Meditaciones-2.pdf

Sentires sobre la vida y la muerte. Madrid, Bubok, 2013. 142 pp.
https://www.bubok.es/libros/222091/SENTIRES-sobre-la-vida-y-la-
muerte

Más íntimo que mi propia intimidad. Madrid, Bubok, 2015. 199 pp.
https://www.bubok.es/libros/239972/Mas-intimo-que-mi-propia-
intimidad

Perplejidades. Madrid, Bubok, 2018. 173 pp.
https://www.bubok.es/libros/258014/Perplejidades

Al anochecer. Madrid, Bubok, 2020. 161 pp.
https://www.bubok.es/libros/264251/Al-anochecer

En el portal de lo oscuro. Madrid, Bubok, 2021. 164 pp.
https://www.bubok.es/libros/268891/En-el-portal-de-lo-oscuro

Cara a cara con lo oscuro. Madrid, Bubok, 2021. 162 pp.
https://www.bubok.es/libros/274828/cara-a-cara-con-lo-oscuro